Lb 56
853

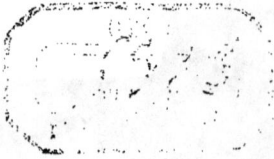

ÉGLISES ÉVANGÉLIQUES DE FRANCE

Honoré collègue et cher frère en Jésus-Christ,

J'ai l'honneur de vous informer que je publie, chez MM. Ch. Meyrueis et Cᵉ, libraires, rue de Rivoli, 174, à Paris, un sermon sous ce titre : LA PAIX ET LA GUERRE. Ce sermon, que j'ai prêché le dimanche 17 juillet dans mon Église, paraîtra vers la fin du mois courant.

Il est dédié à nos chers collègues et frères MM. les aumôniers protestants de l'armée d'Orient et de l'armée d'Italie, et à la mémoire de l'un d'entre eux, mon cher et regretté ami Louis Chardon. Il se vendra, au prix de 60 centimes, au profit des soldats blessés et des familles des soldats morts dans la glorieuse campagne d'Italie.

Je viens réclamer votre concours pour le placement de ce sermon. Je vous prie de vouloir, avec une fraternelle obligeance, vous charger de sa vente dans votre Église. Veuillez contribuer, en acceptant cette mission, à la diffusion de quelques idées chrétiennes sur le grave sujet que j'ai traité d'une manière trop imparfaite; veuillez aussi contribuer à augmenter, dans une faible mesure, la part pour laquelle nos Eglises se sont déjà associées à ce que le pays tout entier a fait pour

1859

soulager les souffrances de nos héroïques soldats et de leurs familles.

Si vous accueillez favorablement ma demande, vous voudrez bien indiquer, le plus promptement qu'il vous sera possible, à la librairie Ch. Meyrueis et Cᵉ, le nombre d'exemplaires de mon sermon que vous penserez pouvoir placer dans votre Eglise. Ces exemplaires vous seront envoyés *franco* par la poste aussitôt que le sermon aura paru.

Ces demandes n'entraîneront pas pour vous l'obligation du placement intégral de tous les exemplaires demandés, et vous pourrez me renvoyer *franco* par la poste les exemplaires invendus. Je vous prie cependant de tâcher d'apprécier exactement ce que vous pourrez placer, pour éviter, autant que faire se pourra, les non-valeurs.

Excusez, honoré collègue et cher frère, la liberté que je prends de vous adresser cet appel, et agréez l'expression de mes sentiments de cordiale et chrétienne fraternité.

G. COLLINS,
Pasteur de l'Eglise réformée de Clermont-Ferrand.

Clermont-Ferrand, 18 *juillet* 1859.

Paris. — Typ. de Ch. Meyrueis et Cᵉ, rue des Grès, 11. — 1859.

LA PAIX

ET

LA GUERRE

SERMON

PRÊCHÉ DANS L'ÉGLISE RÉFORMÉE DE CLERMONT-FERRAND
LE 17 JUILLET 1859

PAR

G. COLLINS

PASTEUR

Se vend au profit des blessés et des familles des soldats morts
dans la campagne d'Italie

PARIS

LIBRAIRIE DE CH. MEYRUEIS ET Cie

RUE DE RIVOLI, 174

—

1859

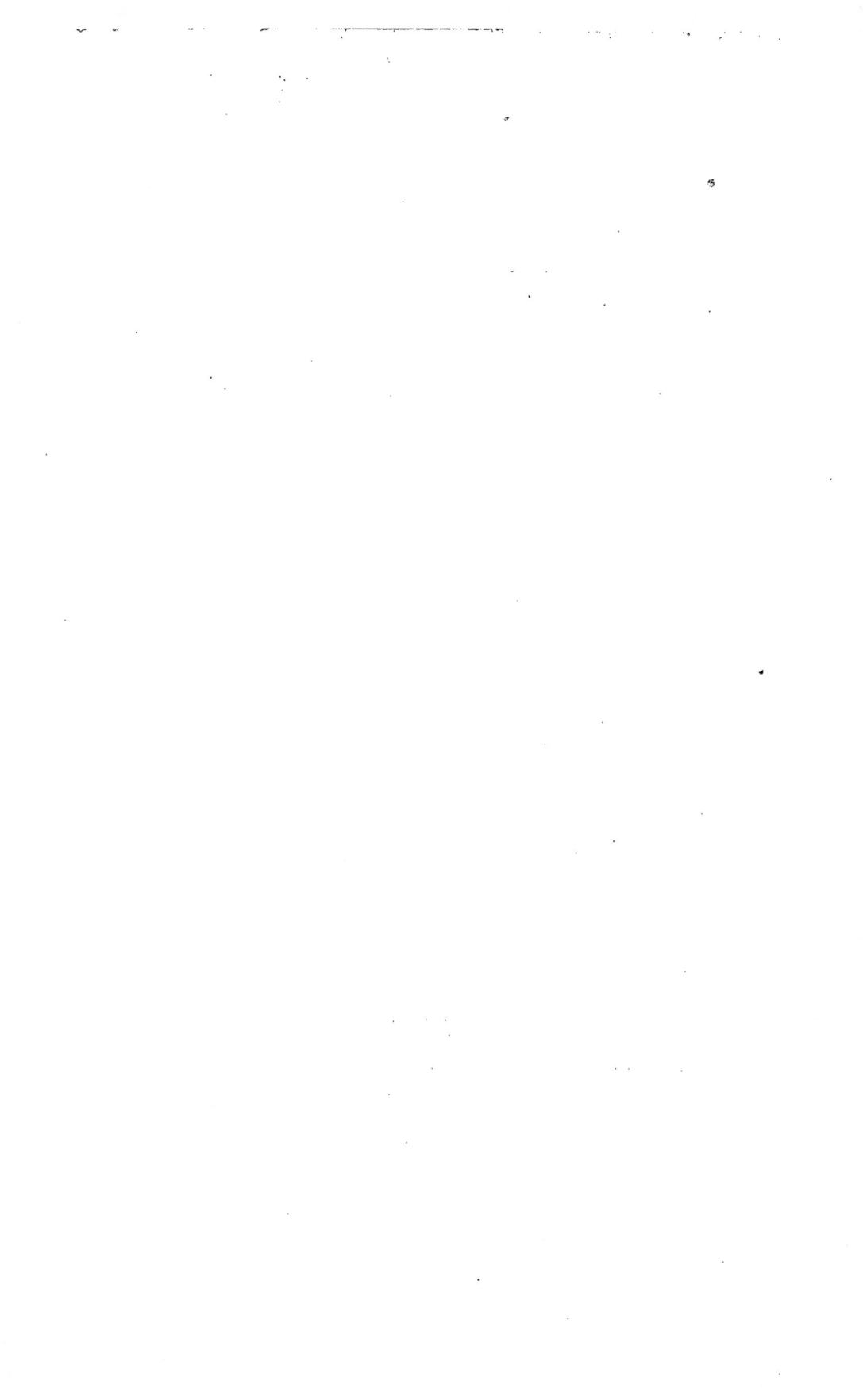

AUX AUMONIERS PROTESTANTS

DE L'ARMÉE D'ORIENT ET DE L'ARMÉE D'ITALIE

A LA MÉMOIRE

De mon ami LOUIS CHARDON et de M. HENRI BABUT

AUMONIERS

QUI SONT MORTS DANS L'ACCOMPLISSEMENT DE LEUR PIEUSE MISSION

―――――

Honorés et bien chers frères,

Un de vos collègues dans le saint ministère, dont le nom est peut-être inconnu de plusieurs d'entre vous, prend la liberté de vous offrir l'hommage de ces quelques pages de méditation chrétienne sur la paix et la guerre.

Vous avez eu, honorés frères, le beau privilége de partager les fatigues et les périls de nos armées pendant ces deux campagnes d'Orient et d'Italie qui ont été si glorieuses pour la France. Par vous le corps pastoral a été dignement représenté dans nos camps. Nos soldats protestants, atteints par la maladie ou frappés sur le champ de bataille, ont été soutenus et consolés dans leurs souffrances, assistés à leur heure dernière.

Vous avez déjà reçu leurs bénédictions, vous avez droit à la juste reconnaissance de tous vos collègues dans le pastorat.

Cette reconnaissance vous a été exprimée par des organes mieux qualifiés que je ne le suis pour servir d'interprètes aux conducteurs de nos Eglises ; ce n'est qu'en mon nom propre que j'ose ajouter un faible hommage aux remercîments que vous avez déjà reçus.

Je n'ai point voulu m'adresser à vous sans rappeler la mémoire de vos deux compagnons d'œuvre que le Seigneur a rappelés dans sa paix pendant qu'ils remplissaient la mission que leur avaient confiée nos Eglises. Je les connaissais et les aimais tous les deux ; j'avais le doux privilége d'être au nombre des intimes amis de notre cher Chardon.

Excusez, honorés frères, la liberté que j'ai prise d'exprimer ma sympathie pour l'œuvre chrétienne que Dieu vous a appelés à accomplir, en vous dédiant ce discours, par la publication duquel j'ai espéré augmenter, dans une faible mesure, la part pour laquelle les membres de nos Eglises se sont associés aux libéralités de nos concitoyens envers les blessés et les familles des soldats qui ont trouvé une mort glorieuse pendant la campagne d'Italie.

Votre collègue dans le ministère évangélique et votre frère en Jésus-Christ,

G. COLLINS,

Pasteur de l'Eglise réformée de Clermont-Ferraud.

Clermont-Ferrand, 18 juillet 1859.

Aumôniers protestants de l'armée d'Orient :

MM. EMILIEN FROSSARD, A. ROEHRIG, LOUIS CHARDON (mort au camp devant Sébastopol, le 7 mai 1855); GERLINGER, HENRI MEYNADIER, G. ROSER, HENRI BABUT (mort au camp, après la prise de Sébastopol, le 23 mars 1856); MAX REICHARD, ANTONIN BOUREL.

Aumôniers protestants de l'armée d'Italie :

MM. LEQUEUX, SAHLER, MUNTZ, SCHWALB, ORTH et SCHŒN.

LA PAIX ET LA GUERRE

Mes frères,

Dans le court espace d'une semaine, la situation politique de l'Europe s'est transformée. Attentifs aux événements qui s'accomplissaient sur cette terre vénérable
de l'Italie consacrée par tant de glorieux souvenirs,
partagés entre l'enthousiasme dont remplissaient nos
âmes ces victoires éclatantes et rapides et la juste
tristesse que nous causaient tant de sang répandu,
tant de compatriotes, intrépides soldats, capitaines il-
lustres, et surtout fils, pères, époux, frères tombés sur
le champ de bataille, tant de familles en deuil ou plon-
gées dans une anxiété plus douloureuse peut-être que
l'affliction la plus cruelle elle-même, nous attendions les
bulletins de nouveaux combats, la nouvelle de plus
grandes victoires. Nous nous demandions, non sans
anxiété, si des coups décisifs mettraient en quelques

mois un terme à la guerre, ou si elle ne s'étendrait pas
bientôt sur un plus vaste théâtre, si l'Europe n'allait pas
voir se renouveler les luttes gigantesques d'une autre
époque, et toutes ses nations se heurter dans une mêlée
terrible. Pleins de confiance dans la prudence et dans la
modération de l'Empereur et de son gouvernement,
pleins de confiance dans la valeur et dans la force de
nos armées, nous ne pouvions oublier comment l'imprévu des événements rend souvent inutiles la plus
grande sagesse et le plus héroïque courage ; mais notre
âme retrouvait toute sa sérénité dans cette pensée,
que cet imprévu des événements n'est point le jeu d'un
aveugle hasard, qu'il est l'effet des souveraines dispen-
sations de Dieu. Nous nous abandonnions aux vues mystérieuses de la providence de ce bon Dieu, sachant que
soit qu'il voulût nous éprouver, soit qu'il continuât à
nous bénir, ce serait dans son amour... En quelques
jours nos plus grandes espérances ont été de beaucoup
dépassées par cet imprévu des événements que nous ap-
préhendions ; ce que nous n'aurions osé concevoir, ce que
nous aurions repoussé comme un rêve insensé, est, depuis
six jours, un fait accompli. En quelques jours, en quelques
heures, nous avons reçu coup sur coup la nouvelle inat-
tendue d'un armistice, celle d'une entrevue entre les sou-
verains des nations engagées dans la lutte, la nouvelle
enfin (la plus heureuse et la moins attendue de toutes)
de la conclusion de la paix.

Mes frères, l'Eternel seul est Roi sur toute la terre, il
règne sur les nations[1]. Les cœurs des princes sont dans
la main de Dieu, Il les incline à tout ce qu'Il veut[2] ! Arrivés, avant le temps où nous osions l'espérer, au terme de

[1] Ps. XLVII, 8-9. — [2] Prov. XXI, 1.

cette guerre aussi grande par les résultats obtenus, et digne de mémoire par les faits qu'elle a vu s'accomplir, qu'elle a été de courte durée, nous bénissons Dieu des succès qu'Il a accordés à nos armes et de la paix qu'Il nous rend dans son amour.

Nous payons un juste hommage d'admiration au prince dont les hautes capacités d'homme d'Etat et d'homme de guerre ont brillé d'un si vif éclat dans cette crise rapide qu'a traversée le pays.

Nous payons un hommage d'admiration non moins mérité à nos héroïques armées qui, dans cette campagne, comme dans la guerre d'Orient, comme dans nos guerres d'Afrique, ont, depuis le simple soldat jusqu'aux officiers généraux du rang le plus élevé, montré la plus parfaite réunion de toutes les qualités militaires, courage indomptable, élan irrésistible, fermeté inébranlable, discipline sévère, intelligence et spontanéité jointes à la stricte obéissance aux ordres donnés, patience et résignation singulières dans les fatigues et dans les privations, modération ou plutôt affection et dévouement, charité chrétienne à l'égard de l'ennemi blessé ou prisonnier. La guerre, mes frères, est à nos yeux une triste nécessité de l'imperfection de notre état social; ce sera le sujet de ce discours. Mais aussi longtemps que cette nécessité pèsera sur les peuples, heureuse la nation qui a pour sauvegarder sa dignité et sa puissance, pour défendre ses droits et ses légitimes intérêts et ceux de ses alliés, des armées telles que sont et qu'ont presque toujours été celles de la France!

Nous payons enfin un dernier tribut public de sympathie profonde aux souffrances de nos blessés et de nos

invalides, aux larmes et à la douleur des familles de
ceux de nos soldats qui ont succombé et dont le sang
a été le prix inappréciable auquel Dieu a mis les avan-
tages obtenus dans cette guerre, et la réalisation des
vues généreuses du gouvernement de l'Empereur. La
patrie soulagera les maux matériels, pourvoira aux besoins des familles atteintes dans leurs moyens d'exis-
tence. Tous les chrétiens français prieront le Dieu des
consolations de soutenir les affligés et de verser sur les
plaies de leurs âmes ce baume céleste qui vaut mieux
encore que les paroles de la plus tendre sympathie humaine.

Mes frères, en prenant pour texte de notre méditation
de ce jour la belle prophétie d'Esaïe, je n'ai point voulu,
tous sans doute vous l'avez déjà compris, établir de rapport direct entre elle et l'heureux événement qui cause
notre joie. Je n'ai point voulu vous dire que les temps
prédits par le prophète soient arrivés, ni même qu'ils
soient proches. Dieu me garde d'illusions vaines et in-
sensées! Non, l'ère de la paix universelle n'est point
encore près de s'ouvrir. Non, la guerre qui vient de
se terminer ne sera peut-être pas la dernière qui en-
sanglantera l'Europe; mais si j'écarte comme une illu-
sion dangereuse la pensée du prochain accomplissement
de la prophétie d'Esaïe, je salue avec joie, avec une
pleine confiance, l'époque, si éloignée qu'elle puisse
être, où cette prophétie sera enfin réalisée de la manière
la plus absolue et la plus complète.

La méditation de cette prophétie m'a paru un sujet
tout particulièrement approprié à ces jours dans lesquels
vos esprits sont naturellement préoccupés de la paix et

de ses bienfaits. Vos pensées et vos cœurs seront élevés
par là, d'une grâce spéciale de Dieu, aux biens immua-
bles et universels qu'il réserve à l'humanité dans l'avenir, et qui seront successivement accordés au monde à
mesure que l'Evangile sera plus répandu, mieux compris et surtout plus fidèlement suivi. Vous sentirez
plus vivement combien grande est la bonté de Dieu,
quels sont le prix et la portée de la rédemption, et
vos âmes se rempliront d'une plus grande reconnaissance et d'un plus grand amour pour votre Dieu et
pour votre Sauveur.

C'est par la comparaison des époques successives du
passé entre elles, et avec l'époque actuelle que l'on peut,
dans une certaine mesure, préjuger l'avenir, et, sinon
écrire l'histoire anticipée des siècles futurs, ce que Dieu
seul pourrait faire, du moins entrevoir les fins aux-
quelles tend l'humanité et affirmer à l'avance les progrès les plus importants qu'elle doit accomplir. Et
encore, nous nous égarerions sans doute même dans
l'appréciation de ces généralités, si la sagesse de Dieu ne
suppléait à la faiblesse de notre intelligence et, par
quelques paroles prophétiques sublimes, comme celles
de notre texte, n'illuminait pour nous de clartés venues
d'en haut, les profondeurs du plus lointain avenir.

La paix et la guerre dans le passé,
La paix et la guerre dans le présent,
La paix et la guerre dans l'avenir,

telles seront donc, mes frères, les trois faces sous lesquelles nous envisagerons successivement notre sujet.

La guerre est l'emploi de la force, mise au service de l'intérêt ou du droit des nations. En elle-même, abstraction faite des motifs qui la *légitiment*, en la rendant nécessaire, qui quelquefois la *sanctifient* en en faisant le seul moyen de faire respecter les notions de justice et de droit par des peuples ou par des gouvernements égoïstes, la guerre est un fait au plus haut point immoral et anormal. Elle est en quelque sorte la négation de la raison et de la conscience humaines, ou plutôt, elle est un des résultats les plus tristes et un des signes les plus manifestes de notre état de déchéance et de péché, puisqu'elle suppose que deux peuples sont impuissants à tomber d'accord sur ce qui est juste, ou bien qu'ils ne sauraient prendre sur leurs passions de se soumettre au droit, alors que le droit est défini et reconnu. Ce fait anormal, si peu compatible avec la haute dignité morale à laquelle l'homme prétend et que la religion lui reconnaît en principe aussi bien qu'une saine philosophie, ce fait est cependant, hélas! universel comme le péché lui-même dont il découle. La guerre éclate au berceau de l'humanité, et la Bible nous la montre allumée déjà dans le sein de la première famille humaine. Nous la voyons se perpétuer de génération en génération et de siècle en siècle, sévir encore dans le monde après plus de six mille ans écoulés depuis qu'il y a des hommes sur la terre ; sévir au milieu des peuples chrétiens, après que, depuis près de deux mille ans, celui dont le nom est le Prince de la paix, est venu dans le monde, annoncé et salué par ces paroles : « Paix sur la terre ! »

Dans cette longue suite de siècles, les motifs qui allument et entretiennent la guerre, et le caractère de la guerre elle-même, ont bien souvent changé.

Quelques savants et quelques philosophes se sont représenté, comme étant l'état primitif de l'humanité, une vie entièrement sauvage, dans laquelle aucun lien de société n'aurait existé entre les hommes, et où chaque individu aurait indifféremment lutté contre tous ceux de son espèce et contre les animaux, pour se défendre et pour se procurer les choses les plus strictement indispensables à la vie, pour conquérir ou pour conserver une proie pour se nourrir et une hutte où s'abriter.

Un telle opposition est non moins opposée aux données de l'observation sur la nature physique et la nature morale de l'homme, qu'au récit de la Genèse et aux plus respectables traditions des peuples sur l'origine de la société. L'homme a été créé pour la vie sociale; il ne peut développer que par l'association toutes ses facultés et toutes les ressources de sa nature. Aussi pouvons-nous affirmer que l'homme n'a jamais vécu à l'état complétement sauvage. Même chez les peuplades les plus arriérées, les générations successives d'une même famille vivent réunies, retenues par des liens d'affection; elles se rapprochent et resserrent leurs relations sous l'empire de ce besoin de société inné à l'homme, au lieu de se disperser et de se fuir instinctivement comme les descendants des couples d'animaux. Ainsi se forme la tribu, premier élément du peuple ou de la nation. Les races inférieures s'arrêtent pendant des siècles nombreux à ce premier degré de la vie sociale; au-dessus duquel les races plus fortes et mieux douées ne tardent pas à s'élever. Pour les premières, la tribu demeurerait peut-être même le terme définitif de leur développement social, sans le contact et l'action des peuples civilisés qui finissent par les absorber et les entraîner dans leur puissant mouvement de progrès.

Partout où les hommes vivent séparés en tribus, celles-ci sont presque constamment en guerre les unes avec les autres. Chacune paraît être l'ennemie de toutes les autres, et toutes sont les ennemies de chacune. Le premier et le plus ordinaire motif de ces guerres est la possession, la conquête ou la défense des objets de première nécessité. Les tribus lutteront pour une forêt où la chasse, pour un étang ou une rivière où la pêche sont plus faciles ou plus abondantes que dans les quartiers d'alentour, pour des troupeaux, pour des pâturages. Les tribus établies auront à se défendre contre les attaques des tribus errantes et moins industrieuses. Au milieu de ces combats, la passion de la guerre pour elle-même commence aussi à se développer. La fierté de sa force personnelle ou de celle de sa tribu, le désir de montrer et de faire sentir sa supériorité, poussent à la guerre, alors qu'elle ne semble pas nécessaire pour acquérir ce dont on a besoin ou pour défendre ce que l'on possède. L'on voit grandir l'esprit d'aventure. La cruauté, la soif du sang et du pillage affermissent dans les âmes leur empire farouche. Le souvenir des conflits antérieurs devient lui-même la cause de nouvelles luttes; chaque défaite, chaque perte importante en hommes et en biens, éprouvée par une tribu, est un motif de haine, un souvenir qui appelle la vengeance, une dette de sang contractée par le vainqueur envers le vaincu, et que celui-ci n'attend qu'une occasion favorable pour redemander. L'extermination du parti adverse est le dernier but poursuivi

par chaque parti, et, comme aucune tribu n'est assez
puissante pour exterminer toutes les tribus rivales, il
n'existe entre elles aucune pensée de paix ni même de
trève prolongée.

Dans ces guerres des tribus sauvages, la cruauté est
portée au comble. Le vaincu qui ne périt pas sur le
champ de bataille, est réservé aux supplices les plus
atroces, et ces supplices sont une fête barbare pour le
vainqueur. L'on retrouve bien, dans ces premiers âges,
quelques notions de droit et de justice ; mais chaque
tribu ne sait guère comprendre que ses propres droits
et ses propres intérêts, et ne voit rien de respectable
dans ceux de la tribu voisine, du moment qu'elle se sent
assez forte pour n'en pas tenir compte.

La disparition de la tribu et la constitution des hommes
d'une même race en corps de nation, sont sans doute un
progrès immense sur l'état que je viens de décrire. Je
n'apprécierai ici ce changement qu'au point de vue spé-
cial du sujet qui nous occupe.

Cette révolution met un terme aux guerres multipliées
dont le principe était des intérêts ou des passions indi-
viduels ou de famille. L'ordre civil prend naissance.
Les différends soulevés par les injures ou par les intérêts privés, ne peuvent plus se trancher par la guerre
entre les parties intéressées. Ils doivent être soumis aux
magistrats qui représentent le prince ou l'ensemble des
citoyens, selon la nature des institutions du pays ; et la
force publique, la force de l'Etat, contre laquelle celle
de l'individu le plus haut placé ou de la famille la plus
puissante se briserait, assure l'exécution des sentences
de la justice.

Par là cependant un terme n'est point mis à la guerre

elle-même, et, sans parler des guerres civiles et de leurs horreurs, de ces dissensions intestines qu'enflamment et nourrissent l'ambition des chefs de parti, les jalousies et les haines des différentes classes de la société ou des races que les circonstances ont réunies dans un même Etat, nous trouvons, aussi haut que nous pouvons remonter dans les annales du monde, les peuples divers incessamment en guerre les uns avec les autres. Chacun d'eux affiche la prétention de s'étendre aux dépens de ses voisins, de les asservir, de les faire violemment concourir à son propre bien-être et à sa propre grandeur. Telles sont, dans toute l'antiquité, presque les seules causes de luttes gigantesques, incessantes, affreuses qui remplissent l'histoire du récit de leurs horreurs et de leurs scènes de désolation.

Je ne dis pas, mes frères, que les guerres anciennes n'aient point eu de résultats moraux, qu'elles n'aient pas accéléré le mouvement des idées, qu'elles n'aient point, en compensation de tout le mal qu'elles ont fait, répandu dans des pays les connaissances, les ressources, les arts et les industries des autres contrées, modifié et souvent amélioré les mœurs, les institutions, les lois, la religion par la fusion des races conquérantes avec les races conquises, qu'elles aient été en un mot complétement étrangères aux progrès de la civilisation dans le monde. Mais ce bien, lorsqu'elles l'ont fait, n'était point dans la pensée des princes et des peuples qui les soutenaient; l'ambition et l'intérêt demeuraient les seules causes et les seuls mobiles de ces guerres.

La guerre restait d'ailleurs singulièrement barbare même au milieu des progrès de la civilisation. Le terrible *Malheur aux vaincus!* en était toujours la loi suprême. Depuis les grandes luttes des Assyriens, des Caldéens et des Egyptiens, c'est-à-dire depuis les temps historiques les plus reculés, jusqu'aux derniers combats de l'empire romain, la guerre nous présente les mêmes caractères. La mort ou l'esclavage pire que la mort, sont le sort réservé aux prisonniers. Les pays conquis sont pressurés, spoliés, accablés sans la moindre pitié par la cruauté et par l'avidité des vainqueurs. La prudence seule, la crainte de révoltes et de soulèvements formidables, inspire dans certaines occasions quelques ménagements. Le but poursuivi est toujours la ruine entière de l'ennemi. Le mot du vieux Caton : *Il faut détruire Carthage*, exprime la pensée secrète ou avouée des peuples anciens par rapport à tous leurs rivaux. La guerre est en outre regardée comme la seule condition de vie et de développement pour un peuple. Les intervalles de paix, toujours de courte durée, ne sont que des trêves imposées par la politique, par les besoins du moment, le plus souvent par l'épuisement temporaire des deux partis. Les traités étaient signés avec l'arrière-pensée de les rompre, et l'art suprême d'une diplomatie dans l'enfance était de glisser dans ces saintes conventions des Etats, des clauses équivoques qui pussent, l'heure venue, servir de prétexte à leur violation. La paix véritable, permanente, nul n'y songeait. Le peuple romain seul l'avait peut-être entrevue pour le jour où il aurait accompli ce qu'il croyait être ses destinées et où il aurait appesanti son joug sur tous les peuples de la terre.

Dans toute l'antiquité, mes frères, vous ne trouverez qu'une seule pensée, qu'une seule parole véritable de paix, celle que Dieu inspira à Esaïe et qui demeura sans écho, ignorée du monde, semblable à une semence pré-

cieuse enfouie dans le sol et qui attend la saison pro-
pice pour germer et pour mûrir son fruit : « Ils forgeront
leurs épées en hoyaux et leurs lances en serpes, et une
nation ne lèvera plus l'épée contre une autre nation et ils
ne s'adonneront plus à faire la guerre. »

Mes frères, il est toujours singulièrement difficile de
déterminer le moment précis où s'accomplit un grand
changement dans les idées et dans les mœurs publiques. Cela est difficile lorsque ces changements ont lieu
dans les idées et dans les habitudes d'un peuple, cela
devient impossible lorsqu'il s'agit des grandes transfor-
mations que subit l'humanité tout entière. C'est qu'à vrai
dire ce moment précis n'existe pas. Chaque grand progrès social s'accomplit avec lenteur, avec une lenteur
d'autant plus grande que le progrès lui-même est plus
important. Les idées qui doivent enfanter les usages nouveaux sont d'abord entrevues d'une manière confuse et
incomplète. Alors même qu'un de ces génies puissants
dont les conceptions devancent de plusieurs siècles les
opinions communes de leur âge, ou quelque homme
inspiré de Dieu saisissent la vérité dans toute son étendue
et la proclament dans toute sa pureté, cette éblouissante
lumière de la révélation n'arrive pas à dissiper du premier jour toutes les ténèbres de l'erreur, à transformer
les cœurs et à régénérer la vie. Comme une lumière
trop pure et trop vive ne saurait être reçue par des sens
qui ne sont habitués qu'aux ténèbres, ou aux pâles clartés
des astres de la nuit, de même la vérité, dans sa splen-

deur divine, ne peut trouver un accès immédiat dans des
esprits obscurcis par l'ignorance, par les préjugés et surtout par les passions. Aussi voyons-nous les plus frap-
pantes vérités ne se faire jour que lentement dans les
esprits, ne se répandre que par un progrès insensible
dans les masses, et, bien qu'on les retrouve nettement
formulées, exposées avec force dans les monuments les
plus anciens de la religion ou même de la philosophie,
demeurer des siècles avant d'avoir été comprises et de
porter leurs fruits. Du premier moment cependant de
leur apparition elles exercent un certain empire sur les
sentiments et sur la vie; cet empire croît et s'étend
chaque siècle avec l'intelligence même de la vérité et
pendant de longues périodes l'on voit l'esprit ancien
et l'esprit nouveau, l'erreur et la vérité, la barbarie et
la vraie civilisation coexister, se combattre au sein de la
société, et quelquefois aussi se mêler dans les combi-
naisons les plus étranges et les plus inattendues.

C'est, mes frères, ce qui est arrivé pour le sujet qui
nous occupe. Non-seulement nous trouvons de nos jours,
si nous étendons le champ de nos observations à l'humanité tout entière, des exemples de tous les degrés de
développement social, des exemples des civilisations et,
par suite, des mœurs de tous les âges antérieurs ; non-
seulement nous voyons dans les îles de l'Océanie, dans
les vastes contrées du centre de l'Afrique, peut être dans
quelques parties reculées des deux Amériques, la vie
presque entièrement barbare, les tribus nomades ou
sédentaires sans cesse en guerre les unes avec les
autres ; nous trouvons, dans ces guerres, tous les caractères que je vous ai exposés comme propres aux luttes
de ce degré de la vie sociale : elles ont les mêmes causes,

2

les mêmes objets, elles se font avec la même cruauté,
elles sont suivies des mêmes scènes atroces, et le vainqueur repaît encore avec délices ses yeux du spectacle
des tortures au milieu desquelles il fait expirer ses prisonniers, à moins que la proximité de quelque navire sur
lequel flotte le pavillon d'une nation civilisée, d'une
nation chrétienne! ne fasse trouver plus de profit au sauvage victorieux à vendre ses captifs pour être employés
par des chrétiens comme un vil bétail!... Aucun pavillon
du monde civilisé, direz-vous, ne couvre plus cet infâme
trafic de la traite, et de nobles couleurs ne se déploient
que pour le poursuivre et le réprimer avec rigueur,
comme la plus odieuse et la plus détestable de toutes les
pirateries. Cela est vrai, grâce à Dieu! Mais depuis combien d'années? Et l'esclavage lui-même, combien de
temps encore déshonorera-t-il des nations qui croient en
Jésus-Christ?.... Mais je dois revenir à mon sujet, loin
duquel ce triste abus de l'esclavage inopinément ren-
contré sur notre route, m'entraînait. — Non-seulement
nous retrouvons sur de vastes territoires la tribu barbare
avec ses luttes incessantes et féroces; non-seulement
nous trouvons sur toute l'étendue de l'immense conti-
nent asiatique la guerre entre grandes nations telle que
nous l'avons dépeinte pour les siècles de l'antiquité;
non-seulement tout ce que nous vous avons dit du passé
s'applique en entier au présent partout où le christianisme n'a point encore pénétré; mais encore la guerre
offre de nos jours, chez les peuples chrétiens, un grand
nombre des caractères qui lui sont propres dans les siècles
anciens. Cependant, à côté de ces caractères il s'en révèle de nouveaux et chacun d'eux marque quelque adou-
cissement aux horreurs de cette coutume inhumaine,

premier symptôme d'un ordre de choses à venir dans
lequel la guerre n'aura plus de place. Ces caractères, si
remarquables dans les deux grandes guerres euro-
péennes les plus récentes, dans la guerre d'Orient et
dans celle qui vient de finir, peuvent se résumer en deux
termes généraux : *Humanité envers l'ennemi vaincu* et
*Préoccupation de la légitimité et de la moralité du but
poursuivi dans la guerre.*

La guerre, nous l'avons dit au commencement de ce
discours, cause et causera toujours bien des maux. La
guerre est et sera, aussi longtemps qu'elle subsistera, le
sang humain versé à flots, des villes renversées, des
provinces foulées, le commerce et le travail public para-
lysés ou du moins entravés dans leur libre et fécond
développement. Mais ces maux, suite inévitable de la
guerre, on les déplore, on les déplore pour l'ennemi
comme pour soi-même. Le temps n'est plus, mes frères,
où l'on était heureux de faire à ses ennemis tout le mal
que l'on pouvait, où chaque peuple aurait volontiers formé
pour ses adversaires le vœu barbare qu'exprimait pour
ses sujets un fou couronné, qu'ils n'eussent qu'une seule
tête afin de les pouvoir anéantir d'un seul coup ; le temps
n'est plus ou la joie et l'enthousiasme éclataient avec
d'autant plus de force que le nombre des morts couchés
sur un champ de bataille était plus considérable. Une
armée en campagne ne porte plus partout sur ses pas
l'incendie, la ruine et la désolation ; elle ne ravage plus
inutilement les provinces qu'elle traverse. Le principe
du respect des propriétés privées, pendant la guerre,
prévaut chaque jour davantage. Lorsque les armées des
nations chrétiennes sont en présence, elles marchent au
combat avec une héroïque intrépidité, le courage est

aussi grand qu'il ait jamais pu l'être, mais il n'est plus
exalté par une animosité barbare. La commisération pour
les souffrances du blessé recueilli sur le champ de bataille et pour le sort du prisonnier tombé entre les
mains de ses ennemis, est chaque jour plus grande et
plus générale ; elle se manifeste par la plus touchante
sollicitude et par les soins les plus empressés. Toutes les
nations chrétiennes rivalisent de générosité et de bons
procédés pour des ennemis que les usages anciens auraient dévoués à la servitude ou à la mort. Il se produit
encore des actes isolés d'une indigne et barbare cruauté :
ces actes, autrefois regardés comme naturels et légitimes,
soulèvent de nos jours un sentiment unanime d'horreur
et de mépris ; les pays dont les soldats s'en sont rendus
coupables se hâtent de les désavouer et souvent de les
punir avec rigueur. Du jour enfin où un traité solennel
met un terme à la lutte, les chefs et les soldats, ennemis la veille encore, se serrent la main avec une cordiale
effusion et bénissent Dieu d'une commune voix de ce
qu'ils ne sont plus obligés de s'entr'égorger pour les
intérêts ou pour les droits de leur pays.

Le deuxième caractère que je vous ai indiqué comme
se faisant jour pendant les temps modernes dans les
guerres des peuples civilisés, *la préoccupation de la légitimité et de la moralité du but poursuivi* est peut-être moins
manifeste au premier abord ; il n'est pas moins certain ni
moins général. Dans toutes les guerres qui ont désolé le
monde chrétien, il en est un grand nombre, je le recon-
nais, qui n'avaient pour motifs que des intérêts matériels,
peut-être même des haines et des rivalités nationales
suivies aveuglément, sans la moindre pensée véritable
de justice, de part ni d'autre. Les plus iniques préten-

tions ont couvert le sol de l'Europe chrétienne de sang
et de carnage. Mais alors même, les peuples et les princes qui entreprennent ces guerres injustes, sentent la
nécessité d'en dissimuler le vrai caractère, et des peuples chrétiens ne sauraient plus prendre les armes sans
s'efforcer de persuader au monde et de se persuader à
eux-mêmes qu'ils combattent pour une cause grande et
juste. A côté de ces guerres criminelles, nous en voyons,
dès les premiers temps du moyen âge, d'autres qui
présentent un caractère tout différent. Nous voyons
s'élever des guerres dont le but principal est de défendre ou de propager une idée, de faire triompher la vérité
de l'erreur, d'étendre la civilisation aux dépens de la
barbarie. Les croisades furent peut-être la plus grande
et la plus mémorable manifestation de cet esprit nouveau porté dans la guerre, elles n'en furent pas la première.

Sans doute, ce fut une déplorable erreur de l'esprit
humain que de mettre ainsi la force au service des
idées. Les idées veulent être propagées et défendues par
la raison et non par la force. Aussi voyez les suites
funestes de cette erreur : elle exalte le fanatisme, elle
produit les guerres de religion avec toutes leurs horreurs et toutes leurs atrocités, elle a causé autant de
maux et de ravages qu'en avaient pu produire l'ambition
et la cupidité dans les guerres dont ces basses passions
étaient les seuls mobiles. Les croisades elles-mêmes,
puisque nous les avons nommées, la plus généreuse et
la plus brillante manifestation de cette erreur, ont, en
définitive, misérablement échoué. Les succès et les ex-
ploits de leurs débuts sont plus que compensés par les
désastres auxquels elles ont abouti. La chrétienté, après

avoir fait les plus grands efforts pour conquérir la terre
sainte a dû se retirer vaincue, réduite à se défendre avec
peine sur le sol de l'Europe, impuissante à arracher un
de ses plus beaux empires aux armes et au joug musul-
mans. Ce que n'ont pu faire toutes les armées de l'Europe du moyen âge coalisée, les idées et la civilisation de
l'Europe moderne l'accomplissent de nos jours sans
combat, par leur seule vertu, lentement, mais avec une
irrésistible puissance. Et cependant je n'hésite pas, nul
ne doit hésiter à voir dans cette erreur si grande, si
désastreuse par ses conséquences immédiates, un progrès, et l'un des plus féconds qu'ait peut-être réalisés
l'humanité dans le passé. Les idées mises en balance
avec les intérêts doivent nécessairement, à la longue,
l'emporter sur ces derniers; elles doivent se débarrasser
du concours de la force brutale qu'une époque généreuse,
mais encore barbare, leur avait imposé, et qui ne peut
que les compromettre; elles doivent s'avancer et triompher par la raison et assurer l'empire de l'esprit dans les
sphères inférieures elles-mêmes des intérêts matériels,
où la force seule avait régné pendant tant de siècles.

De nos jours l'on a compris que la vérité ne se dé-
fend ni ne se propage par les armes. Si quelques hommes rêvent encore guerres religieuses et croisades pour
imposer au monde la vérité chrétienne, ce sont des esprits arriérés qui n'appartiennent point à notre siècle.
Les guerres prétendues de civilisation elles-mêmes ont
perdu leur prestige. L'ambition et la cupidité ne sont
pas éteintes, mais elles commencent à être combattues et
dominées par les notions de droit et de justice. Chaque
nation voudrait peut-être encore s'élever et s'étendre,
mais cette passion est réfrénée par le sentiment toujours

plus puissant du droit des autres nations à vivre et à conserver leur intégrité. L'on comprend qu'il vaut mieux assurer ses propres droits, par le respect de ceux d'autrui, que de poursuivre par la guerre, des agrandissements injustes que l'on n'obtiendrait aujourd'hui que pour s'en voir dépouillé demain. L'on préfère lutter pour protéger les faibles contre l'ambition des puissants, plutôt que pour les écraser et s'enrichir de leurs dépouilles. Ces principes qui se dégagent des faits, tendent à s'ériger en doctrines et à devenir le fondement d'un nouveau droit public européen[1].

Que ce progrès, mes frères, achève de se réaliser et s'affermisse, qu'il entre d'une manière définitive dans nos mœurs, et un pas immense sera fait vers l'accomplissement de la prophétie de notre texte : « Alors... ils forgeront leurs épées en hoyaux et leurs lances en serpes; une nation ne lèvera plus l'épée contre une autre nation et ils ne s'adonneront plus à faire la guerre. »

Dans l'antiquité païenne l'idée d'une paix universelle et à jamais assurée contre toutes les causes de trouble était inconnue; rien dans les mœurs et dans les événements ne l'annonçait ni ne la préparait. De nos jours cette idée existe. Regardée, il est vrai, par la grande majorité des hommes comme une vaine utopie, elle est embrassée avec ardeur par quelques partisans ardents et convaincus qui en attendent comme prochaine la réali-

---

[1] Ce droit nouveau a reçu une première consécration solennelle dans le congrès de Paris, en 1856.

sation; qui, malgré les railleries du monde, l'annoncent, la prêchent et ne reculent devant aucun effort et devant aucun sacrifice pour hâter le moment où les peuples briseront leurs armes et les changeront en instruments pacifiques. Nous ne saurions, je l'ai dit, partager ces espérances; nous ne saurions croire que les tentatives faites pour établir dès le présent siècle, le règne de la paix universelle soient susceptibles d'aboutir à des résultats pratiques et sérieux. Mais nous ne nous sentons pas le triste courage de nous associer aux dédains et aux railleries dont ces tentatives sont l'objet, et nous respectons profondément des illusions qui n'ont d'autre tort, à nos yeux, que l'oubli de la lenteur avec laquelle s'accomplissent sous la direction de la Providence, les grandes évolutions de l'humanité. La prophétie d'Esaïe doit se réaliser, et si le monde ne croit pas encore à la possibilité de cette grande et magnifique transformation des rapports des peuples, tout cependant la prépare et l'annonce à l'esprit de l'observateur attentif et clairvoyant. La guerre est devenue de nos jours moins acharnée, moins barbare et moins injuste; or, de même que les bonnes institutions en s'améliorant, s'affermissent et s'étendent, les mauvaises, en devenant moins mauvaises, s'affaiblissent et tendent à disparaître. Pour fortifier votre foi dans la réalisation future de cet immense progrès, il suffira, mes frères, de vous signaler la cause sous l'action de laquelle il s'est commencé et se doit achever. Cette cause n'est rien moins que le christianisme lui-même.

Déjà dans notre texte, ce progrès est rattaché par Esaïe à l'œuvre du Messie. Le règne de la paix est donné comme l'un des traits de cette entière transformation de l'esprit et du sort des hommes, dont l'instru-

ment devait être Celui que les prophètes appellent non-
point un serviteur ou un enfant de Dieu, mais *le Serviteur de l'Eternel*, le Fils de Dieu[1]. L'histoire ne nous
montre les premiers symptômes de l'accomplissement de
ce progrès qu'à partir de la venue du Sauveur dans le
monde. Aucun peuple ne commence à porter dans la
guerre un esprit moins injuste et moins barbare avant
d'avoir reçu l'Evangile ; mais chaque peuple, du jour même
où la bonne nouvelle du salut lui est prêchée, où le nom
de Jésus-Christ est prononcé et vénéré au milieu de lui,
entre dans ce mouvement de progrès dont nous avons
suivi le développement et qui doit aboutir à la pacifica-
tion de la terre habitée. Il semble que pour chaque
peuple une voix mystérieuse et divine salue dans les airs
l'avénement du Sauveur des mêmes paroles qui reten-
tirent à sa naissance au-dessus des plaines de Béthléhem :
« Gloire à Dieu, Paix sur la terre, bienveillance envers
les hommes ! »

En dehors du christianisme, l'idée de justice et d'é-
quité peut seule favoriser les progrès de la paix, et il
faut reconnaître avec une profonde douleur, l'expérience
hélas ! nous y contraint, que l'idée de justice seule est
bien faible contre l'ascendant des intérêts et le déchaî-
nement des passions. Il faut à la justice, pour assurer
son empire sur les hommes, le secours d'une autre vertu
plus haute, d'une vertu qu'un sage païen a pu pressen-
tir et nommer [2] mais que le Christ seul a montrée et
réalisée dans sa perfection, *la Charité*. Il faut aimer le
prochain non-seulement pour lui faire tout le bien que,
sous l'empire de notre égoïsme naturel, nous ne croyons

[1] Esaïe IX, XI, LIII ; Ps. II, etc.
[2] CICÉRON, *Caritas generis humani.*

pas lui devoir en droit rigoureux, mais encore pour respecter toujours ses droits les plus incontestables et les plus sacrés.

Si l'homme avait jamais vécu dans l'état d'isolement complet et de guerre de chacun contre tous que l'on a quelquefois supposé, l'amour seul pour sa compagne, pour ses enfants, lui aurait fait reconnaître des droits en dehors de ses besoins et de ses instincts et les lui aurait fait respecter. La tribu n'est autre chose que la famille successivement étendue et accrue. Le lien du sang y entretient l'affection et, avec l'affection, le respect par chaque membre des droits de tous, et, par tous, des droits de chacun. Il n'y a pas de doute, quelles que soient les causes secondaires très diverses qui ont présidé à la formation des États, que la cause première de ce progrès, celle sans laquelle ce moment décrit dans le développement de l'humanité ne serait peut-être jamais venu, ne soit une nouvelle force, une puissance plus grande d'expansion acquise par la faculté d'aimer. Le lien premier, le seul indissoluble qui unit entre eux tous les membres d'une nation, c'est le sentiment de leur origine commune. L'Israélite est enfant d'Abraham, il aime tous les enfants d'Abraham, et il respecte leurs droits. La guerre avec eux est une lutte fratricide qui, lorsqu'elle vient à se produire, pèse comme un crime sur la conscience de ceux qui la soutiennent. Chaque peuple, mes frères, a son Abraham, alors même qu'il en ignore le nom, le père commun dont tous les hommes d'une même race sont les enfants. Cette fraternité crée au-dessus des intérêts privés, un intérêt supérieur et commun qui les domine et les confond, l'intérêt public, le sentiment national.

Un pas de plus, mes frères, un nouveau degré de force expansive acquis par notre faculté d'aimer, et la transformation s'achève, l'ère de paix prédite par le prophète s'annonce, s'avance, s'établit. Il faut devenir capable d'aimer non plus seulement le frère, l'enfant, l'allié par le sang, le compatriote, mais le prochain, l'*homme*. Il faut que les barrières qui séparent les peuples s'abaissent comme se sont abaissées celles qui séparaient les individus, les familles et les tribus. A cette nouvelle et dernière transformation, il faut, comme aux précédentes, pour fondement un lien de parenté ; pour condition de durée, des intérêts communs qui dominent les intérêts secondaires et les confondent. Ce lien de parenté, ces intérêts élevés et communs existent, le christianisme nous a révélé le premier, il a lui-même fondé et créé les deuxièmes.

Tous les hommes sont les enfants d'un même Dieu et d'un même Père. La fraternité humaine, impossible à concevoir dans le polythéisme, alors que chaque peuple avait ses dieux, est la première conséquence bénie du monothéisme chrétien. Frères par la naissance, les hommes le sont encore par la communauté de leurs intérêts et de leur sort ; tous indistinctement pécheurs, ils sont tous, sans dictinction de patrie ou de race, rachetés, régénérés et sauvés par Jésus-Christ. Identité d'origine et de destinée, identité de destinées présentes et de destinées finales, fraternité dans la naissance, fraternité dans la déchéance et dans le malheur, fraternité dans le salut, dans la gloire et dans la félicité éternelle : voilà, mes frères, le fondement et les garanties de durée que le christianisme offre à la paix prophétisée dans notre texte.

Si, avant de reprendre avec une nouvelle puissance

le cours de ses progrès extérieurs, si ralentis depuis
plusieurs siècles, le christianisme, comme il faut l'espérer, dégagé de jour en jour de tout alliage humain, géné-
ralement compris dans toute sa pureté divine, prend
enfin sur tous ceux qui le professent, l'empire qui lui
appartient légitimement, s'il s'assujettit complétement les
cœurs et la volonté de ses disciples, et achève de transformer les mœurs et les institutions des peuples civilisés, la paix s'établira d'abord d'une manière générale et
durable entre les nations chrétiennes. L'intérêt de l'humanité dominera, chez les peuples chrétiens, les intérêts
particuliers des Etats ; l'amour de l'humanité, le désir
et la poursuite du progrès général s'élèveront, chez ces
peuples, au-dessus de l'amour du pays, des pensées de
progrès et de développement national. Par là, mes
frères, les intérêts privés et nationaux ne seront pas sa-
crifiés ; ils recevront, au contraire, une plus large et plus
générale satisfaction, car, par une loi admirable de la
Providence, ces principes qui paraissent d'abord si con-
tradictoires, si opposés, si incompatibles, justice et charité, intérêt privé et intérêt général, bien-être propre et
abnégation, sont, en réalité, entièrement solidaires. A
mesure que chacun pense moins à soi et davantage aux
autres, s'aime moins lui-même et aime plus les autres,
poursuit avec moins d'ardeur ses intérêts immédiats et
personnels et avec plus de zèle le progrès général et le
bien de l'humanité tout entière, à mesure aussi chacun
est plus heureux. La concorde et l'harmonie créent une
prospérité et une félicité communes bien supérieures à
celles que la guerre et l'égoïsme auraient pu procurer aux
hommes que le succès aurait le plus favorisés. Ainsi, la
guerre, de nos jours encore, sans cesse prête à se déchaî-

ner au sein de la chrétienté ; qui sans cesse menace des plus grands désastres les Etats les plus prospères, sans cesse remet en question les progrès les plus précieux de la civilisation, sera conjurée. Ces remparts et ces places fortes qui se dressent et se prolongent sur toutes les frontières comme des barrières entre les peuples tomberont, et leurs ruines seront, comme celles de ces châteaux qui s'élevaient autrefois au cœur même du pays, alors que la guerre désolait incessamment chaque province, des monuments des mœurs barbares d'un autre âge. La guerre et tout son appareil seront reportés sur les limites qui sépareront la civilisation de la barbarie. Là, les armées et toutes les forces militaires du monde chrétien s'opposeront, comme une digue infranchissable, à l'invasion des hordes barbares. L'alliance des croisades sera reformée naturellement, aussi unanime, aussi noble, aussi dégagée d'intérêts particuliers qu'elle a pu l'être à son plus beau jour. Mais cette sainte alliance présentera un caractère nouveau et plus grand encore. Elle ne sera point une agression injuste et passionnée, elle sera une défense légitime, calme, et par là même invincible. En avant de leurs lignes de défense, les peuples chrétiens lanceront non point des bataillons et des armées, mais de saintes phalanges de pieux missionnaires, porteurs auprès des peuples barbares, de l'Evangile du salut et des bienfaits de la civilisation. Le christianisme, les lumières et la paix s'étendront de proche en proche. L'œuvre se poursuivra avec accord, avec zèle, avec succès sous la bénédiction de Dieu, jusqu'au jour où la tribu la plus lointaine, la horde la plus sauvage auront été converties, et où tous les peuples ne feront plus qu'un seul peuple, ou plutôt une seule famille de frères.....

« Alors ils forgeront leurs épées en hoyaux et leurs lances en serpes ; une nation ne tirera plus l'épée contre une autre nation, et ils ne s'adonneront plus à faire la guerre[1]. »

Alors, dans les derniers temps... Mes frères, quelle période de l'avenir l'Esprit de Dieu a-t-il renfermée dans ces expressions mystérieuses de notre prophétie ? Quand la paix sera-t-elle universellement établie ? Quand règnera-t-elle au moins entre tous les peuples chrétiens ?

[1] Peut-être dans ce morceau nous sommes-nous laissé entraîner à une description que le cours des événements ne justifiera pas dans son entier. Si l'élan de l'Eglise à la conquête du monde s'est affaibli, il n'est point, grâce à Dieu, anéanti. Il persiste malgré les imperfections, les erreurs, les vices et les divisions des chrétiens. Jamais, nous en avons la conviction, l'œuvre missionnaire ne cessera d'être poursuivie par l'Eglise, et l'on pourrait se représenter le monde entier comme devant être converti par les Eglises actuellement existantes, et l'œuvre de fusion entre ces Eglises, d'épuration de la doctrine, de régénération de la société, de transformation des destinées humaines comme ne devant s'achever que plus tard.

Il me semble cependant que si la puissance d'expansion du christianisme s'est de nos jours affaiblie au lieu de s'accroître, comme elle le devrait faire sans cesse, cela tient surtout à l'alanguissement de la vie chrétienne chez les peuples chrétiens. L'œuvre et la puissance missionnaires des nations et des Eglises chrétiennes sont presque toujours en proportion exacte de la foi et de la fidélité de chacune d'elles. C'est que la grande prédication missionnaire est la sainteté de la vie. Pour agir avec efficacité, le sel doit avoir toute sa saveur, le levain toute sa force. Avant d'avoir ouvert l'Evangile que nous leur portons et d'avoir lu ces paroles de notre Maître : « Vous les connaîtrez donc à leurs fruits, » déjà les païens nous jugent sur nos œuvres, non-seulement sur la vie, en général si pure, si dévouée des missionnaires qui les évangélisent, mais aussi sur celle de nos voyageurs, de nos commerçants, de nos marins, de nos émigrants, de nos colons. Quel sel ! Quel levain ! Quelle lumière pour éclairer le monde ! Je crois donc qu'il faut que la chrétienté se possède véritablement elle-même, qu'elle se convertisse, se sanctifie et devienne complétement chrétienne pour qu'elle puisse convertir le monde et gagner à Jésus-Christ tous les peuples de la terre.

Notre civilisation moderne est-elle assez forte pour enfanter ce grand changement ou pour le supporter? Du sein de nos vices, de notre corruption, de notre égoïsme, est-il possible que Dieu dégage les vertus qui sont la condition nécessaire de cette transformation? Ou bien, cette civilisation trop corrompue pour qu'elle puisse être régénérée, trop énervée pour qu'elle puisse être élevée à la perfection chrétienne, doit-elle achever ses destinées dans la décadence et dans la ruine? Doit-elle être brisée comme une forme vieillie, après qu'elle aura accompli son œuvre, ainsi que l'ont été dans le passé les civilisations de l'Orient, de l'Egypte, de la Grèce et de Rome, et faire place à une civilisation nouvelle, plus pure, plus vivante et plus forte? L'ère des révolutions violentes, des cataclysmes sociaux est-elle close? Celle du développement normal et régulier de l'humanité est-elle ouverte? Graves questions, mes frères, que l'esprit humain ne saurait s'empêcher de poser, mais qu'il doit se reconnaître, pour longtemps encore, impuissant à résoudre. Dieu ne nous révèle la vérité que par degrés. Soyons assez sages pour ne point vouloir connaître plus qu'il ne veut nous enseigner. Au delà des limites de sa révélation nous ne rencontrerions qu'une science trompeuse; nous prendrions les rêves de notre imagination pour des inspirations de l'Esprit d'en haut, et nous ne tarderions pas à perdre entièrement la vérité pour l'avoir voulu posséder dans toute sa plénitude.

Quand, dans quelles circonstances, après quelle succession d'événements l'humanité atteindra-t-elle le but? Mes frères, ni les hommes ni les anges ne le pourraient dire; Dieu seul le sait. Qu'importe, cependant! Dans mille ans ou dans dix mille ans? Pour l'Eternel, mille ans sont comme un jour, et la foi du chrétien mesure le temps et l'espace comme le fait Dieu lui-même ; elle aussi embrasse l'infini, pour elle aussi mille ans sont comme un jour.

La paix telle que l'annonce Esaïe sera un jour le partage de l'humanité tout entière..... Sur cette terre ?..... Je le crois. Combien de générations cependant vivront encore comme celles qui nous ont précédés, comme celle à laquelle nous appartenons au milieu des troubles, des luttes et des agitations ? Encore une fois, qu'importe ! Dieu est bon pour tous ses enfants. La paix et tous les autres bienfaits de la Rédemption, s'ils doivent être un jour réalisés dans les conditions de la vie terrestre pour des générations à venir, le seront auparavant, dans les cieux pour les générations du passé, et pour nous-mêmes.

Au lieu donc, mes frères, de chercher à approfondir des questions insondables ; au lieu de regretter qu'un bien accessoire, la paix sur la terre, ne nous ait pas été donné dans sa plénitude, lorsque le bien supérieur dont le premier ne serait que l'ombre, la paix dans le ciel, nous est assuré, bénissons Dieu des biens qu'il nous a faits ; bénissons-le de ce que notre âge est moins agité, ensanglanté par des luttes moins prolongées et moins acharnées que ne l'ont été presque tous les âges antérieurs ; bénissons-le de l'espérance du salut que nous avons reçue et appliquons-nous à travailler, dans la mesure de nos forces, à l'accomplissement des desseins de Dieu sur le monde et en particulier à la réalisation de la prophétie de notre texte.

Travailler à l'accomplissement des desseins de Dieu dans le monde, travailler à la réalisation de la prophétie de notre texte! Oublié-je, mes frères, en vous appelant à une aussi grande tâche, qui vous êtes et qui je suis? Oublié-je à quelle modeste assemblée je m'adresse, et que le cercle de notre action et de notre influence à tous qui sommes ici réunis, est singulièrement resserré?

Non, mes frères, je n'oublie rien de cela. Mais de même que dans l'univers matériel chaque grain de sable, chaque atome, a son rôle et son importance, de même, dans le monde moral et religieux, chaque homme, si inférieure et si humble que soit sa condition, a son œuvre à faire, ses devoirs à accomplir. Par sa fidélité ou son infidélité, il concourt, pour sa part, au progrès ou à la décadence, au bien-être ou à la ruine, à la sanctification ou à la perversion de la société tout entière. Les mœurs publiques, la moralité publique, la piété publique, comme aussi la prospérité et le bien-être publics, sont la somme ou plutôt la moyenne des mœurs, de la piété, de la prospérité et du bien-être de tous les individus qui composent la société. Les mœurs, la piété, la prospérité, le bien-être d'un Etat sont la somme ou plutôt la moyenne des mœurs, de la piété, de la prospérité, du bien-être de tous ses citoyens.

Soyons, mes frères, doux et pacifiques. Réprimons dans nos cœurs tous les sentiments, toutes les passions qui excitent les hommes les uns contre les autres, la colère, l'envie, la jalousie, la susceptibilité, la rancune; soyons bons, affables, conciliants dans toutes nos relations; faisons régner la paix dans notre maison, faisons-la régner dans tous nos rapports avec les autres hommes; prêchons-la, travaillons à l'établir et à l'affermir autour de nous; ayons de bonnes paroles et de bons conseils pour toutes les personnes entre lesquelles nous voyons

3

des haines, des divisions, des querelles ; sachons sans cesse, par nos exemples et par nos discours, répandre l'amour et la pratique de la justice et de la charité ; là où s'arrête notre action immédiate, nous serons encore, si nous le voulons, puissants par nos prières ; prions donc incessamment, instamment le Seigneur pour tous les hommes et surtout pour les princes et pour les hommes d'Etat, pour tous ceux que leur position appelle à exercer une action directe et immédiate sur la conduite et sur les destinées des peuples ; prions le Dieu de paix qu'il incline à la justice et à la paix les esprits et les cœurs de ces hommes puissants ; faisons tout cela, mes frères, et croyez-moi, quelque obscure et ignorée du monde que soit notre action, elle ne sera point vaine, elle ne sera point perdue.

Mes frères, portez toujours dans vos cœurs cette parole de notre Seigneur et Sauveur Jésus-Christ : « Heureux ceux qui procurent la paix, car ils seront appelés enfants de Dieu. »

Amen.

Paris. — Typographie de Ch. Meyrueis et Cie, rue des Grès, 11.

www.ingramcontent.com/pod-product-compliance
Lightning Source LLC
Chambersburg PA
CBHW060752280326
41934CB00010B/2460